9 4 10

CINCUENTA EN LA CEBRA
CONTANDO CON LOS ANIMALES

70 6

FIFTY ON THE ZEBRA
COUNTING WITH THE ANIMALS

12 30

5 3

written and illustrated by
Nancy María Grande Tabor

13 1

2 11

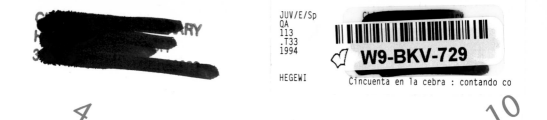 Charlesbridge

Dedicated to Sonoma Valley Unified School District and especially the Flowery School.

Other bilingual books by Nancy María Grande Tabor:

ALBERTINA ANDA ARRIBA: EL ABECEDARIO
Albertina Goes Up: An Alphabet Book

SOMOS UN ARCO IRIS
We Are a Rainbow

EL GUSTO DEL MERCADO MEXICANO
A Taste of the Mexican Market

Published by Charlesbridge Publishing, 85 Main Street, Watertown, MA 02172 • (617) 926-0329

Library of Congress Cataloging-in-Publication Data
Tabor, Nancy.
    Cincuenta en la cebra: contando con los animales / Fifty on the zebra: counting with the animals / by Nancy María Grande Tabor.
    p.   cm.
Spanish and English.
    ISBN 0-88106-856-X (softcover)
    ISBN 0-88106-858-6 (library reinforced)
    1. Counting—Juvenile literature. 2. Animals—Juvenile literature. [1. Counting. 2. Animals. 3. Spanish language materials—Bilingual.] I. Title. II. Title: 50 en la cebra.
QA113.T33 1994
513.2'11—dc20
[E]   93-41598
                                                   CIP
                                                   AC

Printed in the United States of America
(sc) 10 9 8 7 6 5 4 3
(lb) 10 9 8 7 6 5 4 3 2 1

Printed on Recycled Paper

No veo a ninguno, ni a nadie, ni nada.

I see nobody, no one, nothing.

¿Cuántas cosas ves en éste dibujo?

How many things do you see in this picture?

¿Cuántos colores hay?

How many colors do you see?

¿Qué está pasando en este dibujo?

What is happening in this picture?

Cero culebras comienzan la carrera.

Zero snakes begin the race.

¿Cuántas patas tiene la culebra?

How many feet does the snake have?

¿Cuántas hojas hay en el árbol de invierno?

How many leaves are on the winter tree?

¿Quién crees que ganará la carrera?

Who do you think will win the race?

¿Qué estación del año a ti te gusta más?

Which season of the year do you like best?

¿Cuál será el premio al final de la carrera?

What will the prize be at the end of the race?

Un unicornio llega primero.

¿Cuántas velas hay en el pastel?

¿Cuántas patas usa el flamenco para sostenerse?

¿Cuántos cuernos tiene el unicornio?

¿Cuántos años tiene el flamenco?

¿Qué hora es? ¿Qué día es?

One unicorn arrives first.

How many candles are on the cake?

How many legs is the flamingo standing on?

How many horns does the unicorn have?

How old is the flamingo?

What time is it? What day is it?

Dos dinosaurios descubren dientes.

Two dinosaurs discover teeth.

¿Cuántos dientes descubrieron los dinosaurios?

How many teeth did the dinosaurs discover?

¿Cuántos ojos tiene cada dinosaurio?

How many eyes does each dinosaur have?

¿Cuántos árboles hay?

How many trees are there?

¿Son más grandes los dinosaurios que los árboles?

Are the dinosaurs bigger than the trees?

¿Existen todavía los dinosaurios?

Do dinosaurs still exist?

Tres tiburones traen el tesoro.

Three sharks bring the treasure.

¿Cuántas estrellas de mar hay?

How many starfish are there?

¿Cuántas puntas marrones tiene el tridente?

How many brown points does the trident have?

¿Cuántas puntas verdes del ancla puedes ver?

How many green points do you see on the anchor?

¿Qué harías tú con el tesoro?

What would you do with the treasure?

¿Qué hora es?

What time is it?

Cuatro compañeros corren contentos.

¿Cuántos tienen cuellos largos?

¿Cuántos tienen cola?

¿Cuántas patas tiene cada uno?

¿Cuántos son de color amarillo?

¿Puedes nombrar cada animal?

Four friends run happily.

How many have long necks?

How many have a tail?

How many feet does each one have?

How many are yellow?

Can you name the animals?

Cinco canarios cantan canciones.

¿Cuántos columpios hay?

¿Cuántos canarios son de color amarillo?

¿Cuántas flores hay?

¿Cuántos pétalos tiene cada flor?

¿Todos los canarios están mirando hacia la misma dirección?

Five canaries sing songs.

How many swings are there?

How many canaries are yellow?

How many flowers are there?

How many petals does each flower have?

Are all the canaries facing in the same direction?

Seis saltamontes saltan en la selva.

¿Cuántas flores hay?

¿Cuántos pétalos tiene cada flor?

¿Cuántos hexágonos (formas con seis lados) puedes encontrar?

Six grasshoppers jump in the jungle.

How many flowers are there?

How many petals does each flower have?

How many hexagons (shapes with six sides) can you find?

**Siete sirenas se sientan
y se asolean.**

Seven mermaids sit and
sunbathe.

¿Cuántas sirenas tienen el pelo
rubio?

How many mermaids have
blonde hair?

¿Cuántas sirenas tienen el pelo
castaño?

How many mermaids have
brown hair?

¿Cuántas sirenas tienen el pelo
negro?

How many mermaids have black
hair?

¿Cuántas sirenas tienen la cola
de color verde?

How many mermaids have green
tails?

¿Cuántas sirenas están sentadas
en la piedra de color marrón
claro?

How many mermaids are sitting
on the light brown rock?

Ocho osos oyen la orquesta.

¿Cúantos pingüinos tocan instrumentos?

¿Cúantos tocan violín?

¿Cúantos osos son de color negro?

¿Puedes nombrar los instrumentos que tocan los pingüinos?

¿Dónde viven los pingüinos, hace calor o frío?

Eight bears hear the orchestra.

How many penguins are playing instruments?

How many are playing violin?

How many bears are black?

Can you name the instruments the penguins are playing?

Do penguins live where it is hot or cold?

Nueve nutrias navegan hacia el norte.

Nine otters sail north.

¿Cuántas hojas tienen los árboles?

How many leaves are on the trees?

¿Cuántas nutrias tienen brújula?

How many otters have compasses?

¿Cuántas nutrias tienen velas de color anaranjado?

How many otters have orange sails?

¿Cuántas nutrias nadan de espalda?

How many otters are swimming on their backs?

¿Cómo sabes que van hacia el norte?

How do you know they are going north?

Diez dragones desfilan disfrazados.

¿Cuántos dragones llevan flores?

¿Cuántos pétalos tiene cada flor gigante?

¿Cuántos dragones de cada color hay?

¿Cuántos decáganos (formas con diez lados) hay?

¿Cuál color de dragón te gusta más?

Ten dragons parade in disguise.

How many dragons are carrying flowers?

How many petals does each giant flower have?

How many dragons of each color are there?

How many decagons can you find (shapes with ten sides)?

Which color dragon do you like best?

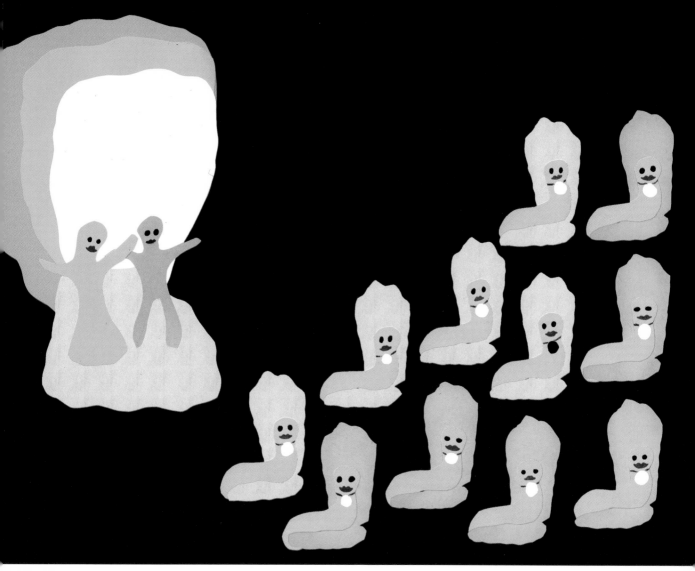

Once ostras observan la ópera.	Eleven oysters observe the opera.
¿Cuántas ostras tienen una silla azul?	How many oysters have a blue chair?
¿Cuántas ostras tienen una perla blanca?	How many oysters have a white pearl?
¿Cuántas ostras tienen una perla negra?	How many oysters have a black pearl?
¿Cuántas ostras están cantando?	How many oysters are singing?
¿Está iluminado o oscuro en el teatro?	Is it light or dark in the theater?

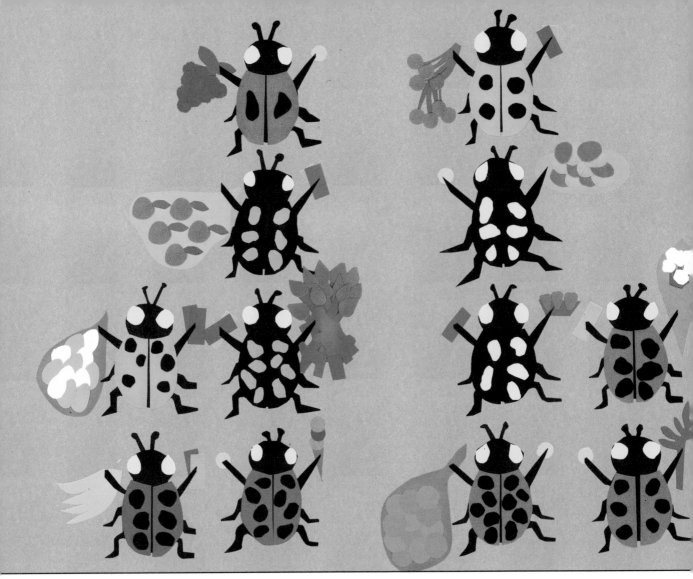

Doce mariquitas gastan dinero.

¿Cuántas mariquitas tienen billetes?

¿Cuántas mariquitas tienen monedas?

¿Cuál mariquita compra una docena de huevos?

¿Puedes nombrar lo que compra cada mariquita?

¿Por qué tiene que pagar rápidamente la mariquita que tiene el helado?

Twelve ladybugs spend money.

How many ladybugs have paper money?

How many ladybugs have coins?

Which ladybug is buying a dozen eggs?

Can you name what each ladybug is buying?

Why does the ladybug with the ice cream need to pay quickly?

Trece tortugas tienen tulipanes.

Thirteen turtles have tulips.

¿Cuántas tortugas son de color marrón?

How many turtles are brown?

¿Cuántas tortugas son de color verde?

How many turtles are green?

¿Cuántas tortugas tienen tres marcas en su caparazón?

How many turtles have three spots on their shells?

¿Cuántas flores son de color turquesa?

How many flowers are turquoise?

¿Puedes nombrar los colores de los tulipanes?

Can you name the color of the tulips?

Catorce conejos corren con cartas.

¿Cuántos conejos blancos hay?

¿Cuántos conejos de color marrón hay?

¿Cuántos conejos tienen las orejas muy largas?

¿Cuántos conejos tienen cartas amarillas?

¿A dónde van con las cartas?

Fourteen rabbits run with letters.

How many white rabbits are there?

How many brown rabbits are there?

How many rabbits have very long ears?

How many rabbits have yellow letters?

Where are they going with the letters?

Quince quirquinchos se quedan quietos.

¿Cuántos armadillos son de color morado?

¿Cuántos armadillos son de color marrón?

¿Cuántos armadillos hay a cada lado del palo?

¿Sabes que quirquincho es otra palabra para armadillo?

Fifteen armadillos stay still.

How many armadillos are purple?

How many armadillos are brown?

How many armadillos are on each side of the pole?

Do you know there are two words for armadillo in Spanish?

Dieciséis doradas se divierten durante el día.

¿Cuántos peces están pasando por la llanta?

¿Cuántos peces están debajo de la medusa?

¿Cuántos peces están encima de la tortuga?

¿Cuántos peces están fuera del agua?

¿Cuántos abanicos de coral anaranjados hay?

Sixteen dolphinfish enjoy themselves during the day.

How many fish are going through the tire?

How many fish are under the jellyfish?

How many fish are over the turtle?

How many fish are out of the water?

How many orange fan corals are there?

Diecisiete animales desean descansar.

¿Cuántos animales son los osos hormigueros negros?

¿Cuántos animales son los armadillos?

¿Cuántos animales son los perezosos que estan colgando boca abajo?

¿Hay más perezosos o más armadillos?

¿Dónde crees que estos animales viven?

Seventeen animals want to rest.

How many animals are black anteaters?

How many animals are armadillos?

How many animals are sloths hanging upside down?

Are there more sloths or more armadillos?

Where do you think these animals live?

Dieciocho perros dálmatas llevan diamantes.

¿Cuántos perros grandes hay?

¿Cuántos perros pequeños hay?

¿Cuántos perros tienen dos diamantes en su collar?

¿Hay más perros con orejas negras o blancas?

¿Puedes encontrar más de dos perros que tienen collares del mismo color?

Eighteen dalmations wear diamonds.

How many big dogs are there?

How many little dogs are there?

How many dogs have two diamonds in their collars?

Are there more dogs with black ears or white ears?

Can you find more than two dogs with the same color collar?

Diecinueve dromedarios se detienen debajo de las datileras.

¿Cuántos dromedarios hay debajo de la primera datilera?

¿Cuántos dromedarios hay debajo de la segunda y la tercera datilera?

¿Cuántos dromedarios hay debajo de la cuarta datilera?

¿Sabes que un dromedario es un camello que tiene solamente una giba?

Nineteen dromedaries stop under the date palms.

How many dromedaries are under the first date palm?

How many dromedaries are under the second and third date palms?

How many dromedaries are under the fourth date palm?

Do you know that a dromedary is a camel with only one hump?

Veinte venados vienen de Veracruz.

¿Cuántos venados tienen los cuernos largos?

¿Cuántos venados tienen los cuernos cortos?

¿Cuántos venados no tienen cuernos?

¿Cuántos arbustos hay?

¿Los venados están caminando o corriendo?

Twenty deer come from Veracruz.

How many deer have long antlers?

How many deer have short antlers?

How many deer do not have antlers?

How many bushes are there?

Are the deer walking or running?

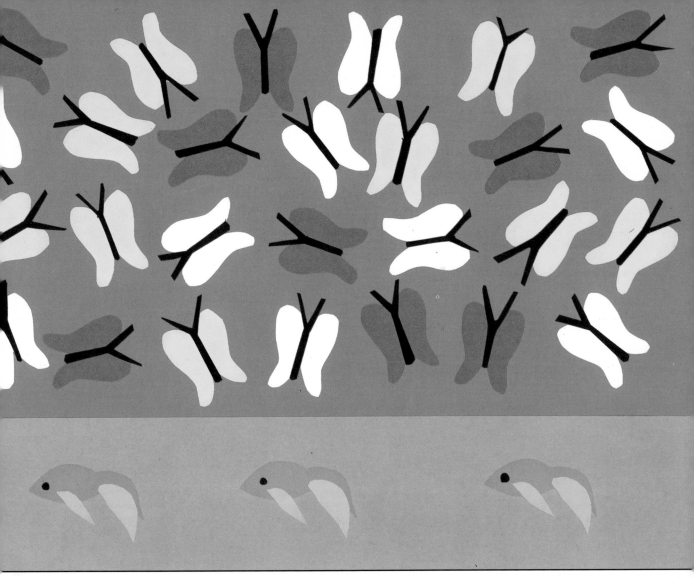

Muchas mariposas y pocos peces hacen un total de treinta.	**Many butterflies and a few fish make a total of thirty.**
¿Cuántas mariposas hay?	How many butterflies are there?
¿Cuántos peces hay?	How many fish are there?
¿Hay más mariposas blancas que amarillas?	Are there more white butterflies than yellow butterflies?
¿Hay más mariposas blancas que moradas?	Are there more white butterflies than purple butterflies?
¿Preferirías ser un pez o una mariposa?	Would you prefer to be a fish or a butterfly?

Hay cuarenta caracoles en dos grupos que son iguales.	**There are forty snails in two equal groups.**
¿Cuántos caracoles blancos hay?	How many white snails are there?
¿Cuántos caracoles negros hay?	How many black snails are there?
¿Cuántos caracoles negros hay en la fila de arriba?	How many black snails are in the top row?
¿Cuántos caracoles blancos hay en la fila de abajo?	How many white snails are there in the bottom row?
¿Hay más caracoles negros que blancos?	Are there more black snails or white snails?

**Hay cincuenta en la cebra.
¿Pero dónde se encuentran?**

There are fifty on the zebra.
But where are they?

¿Cuántas rayas negras tiene la cebra en la cabeza?

How many black stripes does the zebra have on its head?

¿Cuántas rayas negras tiene la cebra en total?

How many black stripes does the zebra have in all?

¿Cuántas rayas blancas hay?

How many white stripes are there?

¿Dónde viven las cebras?

Where do zebras live?

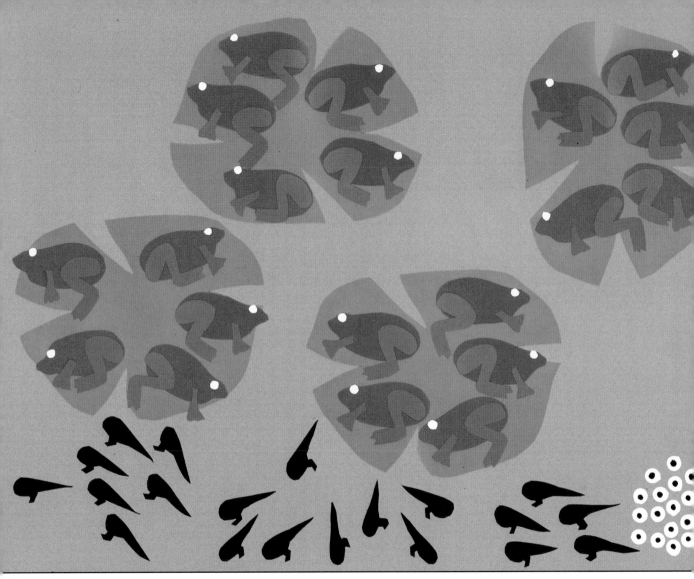

Sesenta pertenecen a la misma familia.

¿Cuántas ranas están en cada hoja de nenúfar?

¿Cuántas ranas hay en total?

¿Cuántos renacuajos hay?

¿Cuántos huevos hay?

¿Cuántas ranas habrán al final?

Sixty belong to the same family.

How many frogs are on each lily pad?

How many frogs are there in all?

How many tadpoles are there?

How many eggs are there?

How many frogs will there be in the end?

Setenta animales pertenecen a dos grupos diferentes.

Seventy animals belong to two different groups.

¿Cuántos animales tienen cuellos largos?

How many animals have long necks?

¿Cuántos animales tienen cuatro patas?

How many animals have four feet?

¿Cuántos animales nadan?

How many animals swim?

¿Hay más cisnes o más llamas?

Are there more swans or more llamas?

¿Cuáles son las diferencias entre los cisnes y las llamas?

What are the differences between the swans and the llamas?

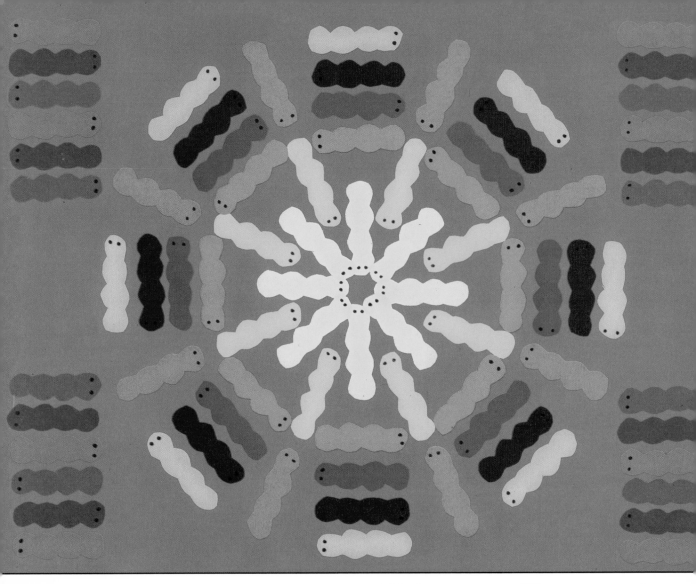

Ochenta orugas se organizan.

¿Cuántas orugas amarillas hay?

¿Cuántas orugas van hacia el centro?

¿Cuántas orugas están dando vueltas en círculo?

¿Cuántas orugas no están en el círculo?

¿Puedes encontrar la oruga que va en sentido contrario?

Eighty caterpillars organize.

How many yellow caterpillars are there?

How many caterpillars are going toward the center?

How many caterpillars are going around the circle?

How many caterpillars are not in the circle?

Can you find one caterpillar that is going in the wrong direction?

Treinta, treinta, y treinta son noventa.

Thirty, thirty, and thirty are ninety.

¿Cuántos pájaros están volando?

How many birds are flying?

¿Cuántos caracoles se están arrastrando?

How many snails are crawling?

¿Cuántos peces están nadando?

How many fish are swimming?

¿Cuáles animales se enfrentan?

Which animals are going toward each other?

¿Cuáles animales se aleján de los otros?

Which animals are going away from each other?

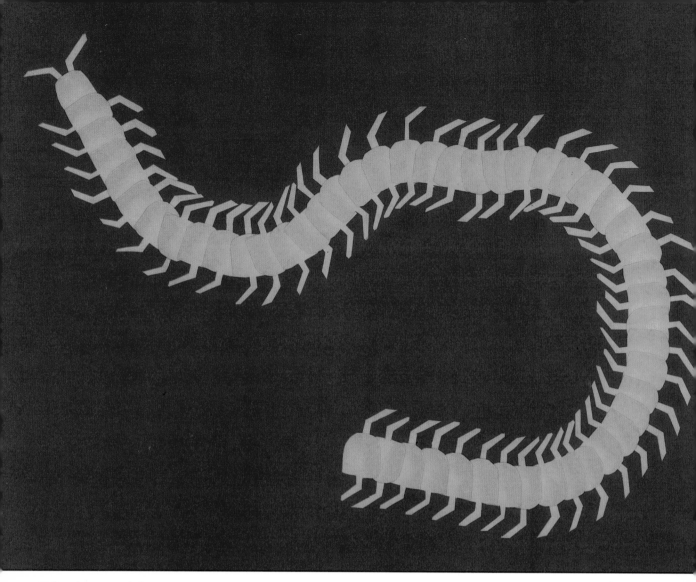

El ciempiés camina con cuidado.

¿Cuántas patas tiene en el mismo lado?

¿Cuántas patas tiene en total?

¿Dónde está la cabeza del ciempiés?

¿Dónde termina el ciempiés?

The centipede walks carefully.

How many feet does it have on the same side?

How many feet does it have in all?

Where is the head of the centipede?

Where is the end of the centipede?